Fabien PRIGNOT

ROSE D'OCTOBRE

BoD

© 2017, Prignot, Fabien
Edition : Books on Demand,
12 / 14 rond point des champs Elysées, 75008 Paris
Impression : BoD - Books on Demand Norderstedt, Allemagne
ISBN : 9782322137589Dépôt légal : janvier 2017

ROSE D'OCTOBRE

PREFACE

Avec la Fondation ARC (la recherche contre le cancer), l'ICL (Institut de Cancérologie de Lorraine) et la Run Attitude de Gérardmer (88).

Je vous informe que les droits d'auteur de cet ouvrage seront reversés par moitié à l'ARC et l'ICL.

Le mot d'Isabelle :

" Le poète se revête de paillettes,
Ses mots pansent les maux,
Sa poésie tente la thérapie.
La maladie, elle, joue sa comédie,
Pour nous envoyer au paradis.
Le cancer, cet adversaire,
Attaque nos viscères.
Alors comme une guerrière,
Je l'enverrai en enfer."

Rose d'octobre

C'est octobre rose
Voici quelques vers en prose
Ne la voulant pas morose
Surtout pas qu'on la nécrose

Elle est message d'espoir
Une nouvelle trajectoire
Qui laisse entrevoir une victoire
Quelques fois des déboires

Cette maladie change le paysage
Laisse des traces sous les corsages
Des larmes sur les visages
Mais il reste un message

Bistouri intervient, il propose
Tout d'abord, il y a la dépose
Puis vient le temps de la superpose
Si rien ne s'y oppose

Il y a le regard des autres
Le soutien des nôtres
La décision, c'est la vôtre
Surtout pas qu'elle se vautre…

Epreuve

Cette femme a tant soufferte
De ce que la vie lui a offerte
Elle est présente cette cassure
Comme une grande fissure.
Après avoir subi tant d'épreuve
Elle voudrait enfin une preuve
Que l'amour peut rester passion
Et non pas qu'une usurpation.
En elle, elle a cette rage
Peut-être avec beaucoup de courage
Et à force de patience
Elle aura meilleure conscience.
Arrêtons là les douleurs
Regardons plutôt les couleurs
Elle met un terme à ses larmes
Il ne reste que son charme.
Ne plus penser aux tortures
Et reconstruire la structure…

Fragile

Elle a ce petit côté frêle
Mais déteste surtout la grêle
Paraissant souvent très fragile
Un peu comme une sorte d'argile
Mais il n'en est rien de tout ça
C'est une carapace qui la poussa
A se comporter de la sorte
Pour se sentir encore plus forte
Mais bien sûr en réalité
Ce n'est pas sa mentalité
Elle n'ira jamais se plaindre
Attention, il faut la craindre
Parfois elle peut être terrible
Jusqu'à aller à être horrible
Ne voulant de l'aide de personne
De ce mal qui l'empoisonne…

L'image que l'on donne

En se forgeant cette carapace
Le temps que la douleur passe
Elle laisse apparaître une image
Cachant derrière tous ses dommages
L'oubli de la joie de vivre
Tout en refermant ses livres
Ne faites pas de polémique
Bien sûr qu'elle est comique
Laissez un peu de temps
Elle va s'épanouir, c'est le printemps
Ses douces mimiques
Sont une mélodie rythmique
Lentement passe la tristesse
Elle n'est plus être votre altesse
Et n'attendait pas le dernier train
Mais veut bien être un boute en train…

Le crabe

Je ne te vois pas très à ton aise
L'impression d'avoir un malaise
Tu es peu à peu en train d'étouffer
Un crabe paraît-il, veut te bouffer
Mais quelle est cette foutue maladie ?
Ce n'est que le « cancer » le mal a dit
Tu es très fatiguée, une anémie !
Non ! C'est juste une leucémie
Tu sais, ce n'est pas une rumeur
Ça fait plus de dégâts une tumeur
Cette chose est là, elle te serre
Cette faiblesse du coup t'ulcère.
Dans ton corps la vilaine graine
Doucement le gangrène.
Ce n'est pas qu'une infection
Il n'y a plus de protection
Qui laisse entrevoir la souffrance.
Tout d'un coup, c'est l'espérance
Qui apparaît comme une lumière
Qui deviendra la première,
La priorité et la force de vivre
Si enfin, on veut survivre…

Cesse le combat

N'aie pas honte, baisses tes armes
Écoute ton cœur, montres tes charmes
Tu ne vas pas te battre jusqu'à l'infini
La vie pour toi, n'est pas encore fini
Dans tes bras, je me sens si bien
Ma foi, tu deviens, tu le sais oh combien!
De toute ma vie cet amour est d'or
Lorsque auprès de moi, tu t'endors
La dernière bataille que tu viens de livrer
A laissé en moi, une douceur que tu as délivrée
Quand la lueur du jour devient plus intense
Tu ne ressens plus en moi de résistance
En disant je t'aime à demi mot
Laissant apparaître quelques sanglots
Les écrits de tous tes récits
Bravant la peur comme par défi
Ma crainte de ne plus avoir de nuit magique
Ta perte serait pour moi une fin tragique…

Sans cheveux

Dans la rue, j'aperçois une blonde
Je la croise du regard, une seconde
Puis vint le tour d'une brune
Perchée, la haut à la tribune
Elle voudrait nous faire un aveu
Nous parler de ses cheveux
Il est vrai qu'elle a belle allure
Avec ses bouclettes dans sa chevelure
Sur sa tignasse, tous les yeux se portent
Le succès même, elle le remporte
La belle a des manières
En passant sa main dans sa crinière
Tout le monde la reluque
Alors, elle enlève sa perruque
Montrant ainsi qu'elle est chauve
Là, tous les regards se sauvent
Dans leur esprit, tout est embrouillé
La voilà ainsi, dépouillée
Mais alors avec ou sans cheveux !
Elle sait ce qu'est l'enjeu et ce qu'elle veut...

Toujours y croire

Ce sont ses yeux qui font la remarque
Et son cœur lui se remet à battre
Si la belle porte sur elle la marque
De la tristesse qu'elle veut combattre

Le beau sourire qu'elle laissera échapper
À l'allure de ses pas qui vont ralentir
De cette torpeur à vouloir en réchapper
Vivre le bonheur, son cœur veut lui consentir

Ce qu'elle a commencé de pressentir
Dans le piège, elle ne veut pas tomber
Ne plus vouloir aimer, le démentir
À se laisser aller et succomber

Qui aurait pu dire que dans un dernier espoir
Qu'à la solitude, la belle y mettrait fin
Qu'à bout de souffle, fatigue et de désespoir
Dans le tunnel, la lumière revient enfin

La voilà qui prend de l'assurance
Combattant la tristesse avec force
Elle ne nie pas toute l'attirance
Plonger dans le bonheur qui s'amorce

Elle a eu raison de croire en l'espérance
De cette vie de misère et de tourmente
Elle tient enfin dans sa main la délivrance
Le bonheur et l'amour, elle s'en agrémente…

Body

Regarde mon corps comme il est beau, dis!
Oui! Sublime avec ce body
Ta main légère posée sur ton ventre
Doucement me déconcentre
Tes cheveux pêle-mêle
Et voilà je m'emmêle
N'aie pas de honte
Une pente ça se remonte
Pourquoi baisses-tu la tête?
La peur d'être malhonnête
Bien au contraire redresse
Ton buste que tes seins se dressent
Pour qu'à toi on s'intéresse
En douceur et allégresse…

Belle et triste

J'ai pleuré ce matin toutes les larmes de mon corps
Je me disais que dans tes bras, je me voyais encore
Si ton regard, il me pénètre jusqu'au plus profond
Dans l'antre de mon cœur, tu y reposes comme au plafond
La petite rosace qui est éclairée par la grande lumière
C'est toute ta beauté qu'elle aura fait briller la dernière
Quand je pense à toi, à nous, dans ses moments uniques
Voilà que je t'aperçois, belle, très belle dans ta tunique
Si Dieu en a vraiment voulu ainsi, que tu sois belle
A tel point de t'en faire voir trente six chandelles
Il t'aura aussi fait vivre et survivre au-delà de cet enfer
Qu'au point, aujourd'hui, tu voudrais pouvoir t'en défaire
Je ne peux pas oublier, ce jour, ce long regard triste
J'aurais voulu tant te conter l'amour, être ton guitariste
Sur la même partition, nous aurions joué la même note
Le dos à dos et corps contre corps où sur toi, je pianote
C'était sans compter, qu'un certain jour tu t'en ailles
Et que pour moi, dès lors, c'est la vie qui déraille…

Est-elle fleur?

Elle est une fleur que l'on admire
Mon œil sur elle, il mire
Si son parfum et sa beauté éblouissent
Avec elle, c'est un lien que je tisse
Mais à cause de ses épines
Personne ne la veut en copine
Ils ont trop peur de la toucher
C'est dans ma main, qu'elle s'est couchée
Si, elle a choisi mon jardin secret
Pour venir planter sa rose nacrée
Si abeilles viennent sur elle butiner
Moi, c'est d'elle dont je suis obstiné
Je suis devenu son jardinier
Et ça, elle ne peut pas le nier…

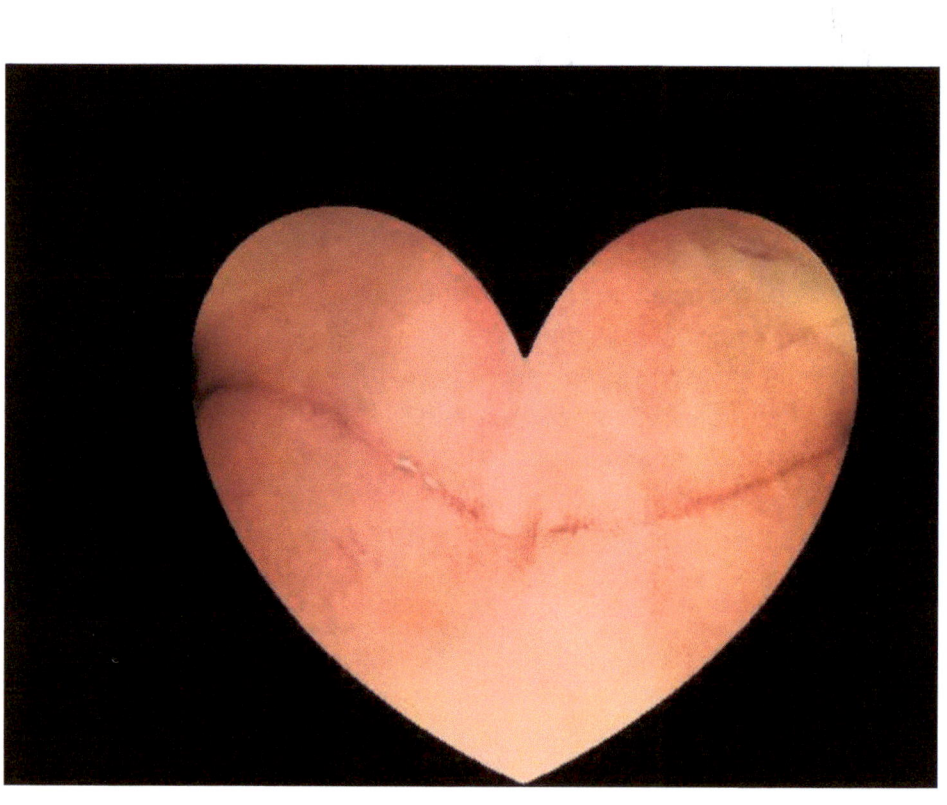

Cicatrice

Elle est là, un peu provocatrice
N'oublie pas, ce n'est qu'une cicatrice
Qui n'est là que pour faire de la figuration
Même si dans le paysage, elle est défiguration.
La balafre, même si la coupe est sèche
A ouvert une douloureuse brèche
Sur la poitrine des scarifications
Il y a la perte de l'identification.
Certes, l'entaille est bien présente
Même la nuit, elle te hante.
L'impression d'être sous une fusillade
Et ce sein que l'on taillade.
Il est vrai qu'il y a mutilation
Qu'il y aura dissimulation.
Tu viens de perdre tes marques,
De peur que l'on remarque
Sur ta peau touts ces stigmates.
C'est là qu'il faut être diplomate,
Rien n'est enlevé à la beauté
C'est juste une nouveauté
Qu'il faut enfin admettre
Si je puis, me permettre…

Soulagement

Lorsque tout s'apaise
La perte d'un poids qui pèse
La vie devient tranquillité
Améliorant ainsi la qualité
Je dirai une épine de moins
Qui s'en va très loin
C'est un peu un soulagement
Qui arrive si sagement
Jetant le calme dans l'esprit
Sans laisser place au mépris
Une sorte de remède
Lui venant enfin en aide
Comme une délivrance
En enlevant le rance
La guérison de cette charge
Un colis qui se décharge
Amenant enfin le calme
Et la vie devient la palme....

Tourbillon

Nous pourrions tourbillonner sous le vent et fusionner comme les étoiles.
Regardez si vous voyez souvent le vent qui s'engouffre dans les voiles
Excusez mes légers égarements mais peut-être, seriez vous tentée
Cela arrive, hélas, fort rarement alors pourquoi ne pas vous sustenter
 Un baiser au coin des lèvres, pour moi c'est beaucoup plus excitant
C'est un peu de l'orfèvre même si vous n'en vouliez pas tant
Je vous prendrai d'abord avec mes mains pour rythmer votre souffle
Titillant la pointe de vos seins et savoir qu'elle s'essouffle
Sur votre corps je jouerai quelques notes en guise de symphonie
Et voir que rien ne dénote, de notre cadence en harmonie
Je vous laisse comprendre, ma douce, que j'ai envie de vous prendre
Si vous arrivez à m'entendre, alors laissez-moi vous surprendre
Si vous y voyez là, un jeu, qui peut être un risque à nos vies
Ne chercher surtout pas l'enjeu, ce n'est simplement qu'une envie
Je vous ai offert mes baisers, une fois le travail accompli
Je vous laisse vous apaiser, cette folle passion nous emplit….

La peste

Le voilà qu'il se manifeste
Le prenant pour de la peste
Aucune approche, plutôt fuir
Pas de peur et pourquoi s'enfuir
Si le regard est lointain
Gentlemen et bon samaritain
N'ayant ni la lèpre, ni la gale
Pour elle, ça lui est égal
Étant loin d'être un fléau
Isolé sous son préau
Considéré comme un microbe
Les yeux rivés sur sa robe
Ce n'est pas une maladie honteuse
Mais la petite est boiteuse
Ne pas être son ennemie
L'amour est épidémie
Un peu comme un poison
Sur son torse, sa toison
Avec un peu de raison
Et une bonne guérison
C'est pour ça qu'elle le ramène
Car en secret, elle l'aime…..

Voile de brume

L'amour s'est déposé sur nous
Comme la brume au petit matin
Devant toi, j'étais à genoux
Étant prêt à jouer ton Valentin

La froideur dépose un voile de rosée
Faisant oublier la tiédeur de l'amour
Le cœur devient alors névrosé
Lacéré comme un champ en labour

Il aura fallu que le soleil perce de ses rayons
La carapace qui lui sert de protection
Et vraiment que l'amour nous y croyons
Ayant pour toi plus que de l'affection

Le soleil chasse avec sa force les nuages
Réchauffant l'âme et le cœur de la belle
Le prétendant ayant perdu tous ses rouages
Il a peur de finir dans la poubelle…

Souffrance

Je pleure ton ignorance
Toi qui est en souffrance
Pourquoi tant de désordre
Par amour, on s'accorde
Voulant briser la solitude
Lorsque passion est plénitude
Pourquoi les opposés s'attirent
La vie n'est pas qu'une satire
Ton esprit est en enfer
Ton corps a connu les fers
Si ton cœur est meurtri
Il n'est pas encore flétri
Alors il y a toujours un espoir
Loin, est le désespoir
Je t'ai alors tendu la main
Pour ensemble faire le chemin
Mais puisque tu ne dis rien
Je n'en ferai alors, rien…

Cancer

Il est là en elle, il la serre
Dans son corps il l'ulcère
Alors accroché comme un crabe
Elle n'en veut pas   de son « rabe »
Il est comme un cancer
Lorsqu'en toi, il s'insert
Alors l'étau se resserre
Je n'en veux même pas comme dessert
Préférant écouter un concert
Boire un verre de Sancerre
Mais alors à quoi ça sert
Juste qu'il me lacère…

Le mal

Elle ne voyait ici pas le mâle
Et pourtant, elle avait si mal
Tant la douleur, elle l'endure
Pourquoi faut-il qu'elle perdure
Pendant toutes ces années
Jusque sur sa peau tannée
Atteinte par la maladie
Lorsque le mal a dit
Je suis là pour ne pas oublier
Elle, ne voulait pas y être liée
Que dire, marre de cette souffrance
Qu'elle est dans l'ingérence
Pensant avoir assez morflé
Pour finir surement par s'essouffler
Lorsqu'elle aura tout essuyé
Sur la vie, fini de s'appuyer
La pauvre, si elle pouvait sentir
La douleur ne plus la ressentir
Ne plus éprouver de tristesse
Mal, s'il te plaît, va-t'en en vitesse…

Fermer la blessure

Etre insensible à la douleur
C'est être insensible aux plaisirs,
Ne pas croire au bonheur
Que la vie t'offre à loisir.
La blessure te marque
La cicatrice se démarque,
Sur ta peau dorée,
La trace rose reste colorée.
Une blessure profonde
Est une détresse humaine
Plus rien à la ronde
La solitude qui se démène.
La blessure affective est aussi douloureuse
Lorsque la flèche de cupidon capricieuse
Traverse ce cœur mis à mal
Et le blesse comme un animal
Il faut attendre que la blessure se ferme
À la maladie y mettre un terme
Pour que ce soit une nouvelle journée
Du soleil qui brille comme un nouveau-né…

Mon sein

Mon sein, de moi, tu as été ôté
C'est fini, les beaux décolletés
Je n'ai plus de poitrine
Avant, elle était ma vitrine
Tout cela est vraiment injuste
Plus de photos de mon buste
Même si je mets de la belle lingerie
Mon torse, reste lui, une sauvagerie
Qu'est-ce que je donnerai pour ravoir mon sein
Même pour y faire un dessin
Il a subit les affouages
À la place en faire un tatouage
Ou alors ! Après la destruction
Viendra, le jour de la reconstruction….

Traitement

Le sujet est plus que difficile
Les mots manquent et ne sont pas faciles
De la femme, tu en es sa beauté
Alors toi, le sein, tu seras saboté
Les mots tombent comme un couperet
En sa présence, ils sont indiscrets
On va lui parler de biopsie
Du sein, en faire une autopsie
Que de noms bien barbares
Là, je largue les amarres
Je n'entends plus les mots, mastectomie
Je prends des cours d'anatomie
Puis vient nodule, métastase
Tout devient incrédule et pas d'extase
On me parle de chimiothérapie
C'est pour le moment ma meilleure thérapie
Tout ça à cause d'un ganglion, un mélanome
Je crois que c'est comme ça qu'on le nomme
Si seulement j'avais fait ma mammographie
Ce n'était qu'une simple photographie
Aujourd'hui, je suis sous traitement
Me dis que tout ça, c'est injustement
Je n'ai pas choisi, je subis
Et croyez-moi, c'est un sacré fourbis
Derrière tout ça, il y a le suivi
Moi, pour le moment, je survis….

Aïku (petit poème Japonais)

S'il devinait tout
Vivre serait son bonheur
Seul l'avenir sait….

Vivre sans douleur
On peut toujours espérer
Je garde l'espoir…

C'est le mal qui dit
Je vais m'installer en toi
Non, je ne veux pas…

Un nouveau jour, une nouvelle vie

Oh toi mon interdit
Seul, je me perdis
Sans aucune lumière
Dictes moi ce que je dois faire

Je crois que tout est possible
Un rêve enfin accessible
Mais sans toi il me semble
Qu'avec la peur je tremble

Sur le chemin je cherchais
Une colline pour me percher
Lorsqu'enfin je l'ai trouvée
L'amour, la vie, j'ai éprouvé

Mon esprit se promenant dans les rues
Dans un angle, au passage sous un lustre
La voilà discrètement qu'elle est apparue
Ma vue sans défaut avait vu juste

…/…

Les mots parlent d'un tendre amour
D'une main douce posée dans la mienne
Et c'est le silence du petit jour
Lorsque mes lèvres se posent sur les siennes

Que le soleil enfin se lève
De l'amour nous allons vivre
Mon cœur pour toi s'élève
Enfin je peux revivre….

REMERCIEMENTS

Je tiens à remercier :

La Fondation ARC pour la recherche sur le cancer.
L'Institut de Cancérologie de Lorraine pour la prise en charge des patients.
La Run Attitude de Gérardmer (88) qui organise cette course du cœur.

Je voudrais remercier toutes les personnes formidables que j'ai rencontrées, touchées par la maladie et qui gardent une joie de vivre. Plus particulièrement Isabelle et Frédérique.

Merci à vous tous amis lecteurs qui aurez participé à cet élan de générosité en ayant fait l'acquisition de cet ouvrage.

TABLE DES MATIERES

Rose d'octobre
Epreuve
Fragile
L'image que l'on donne
Le crabe
Cesse le combat
Sans cheveux
Toujours y croire
Body
Belle et triste
Est-elle fleur ?
Cicatrice
Soulagement
Tourbillon
La peste
Voile de brume
Souffrance
Cancer
Le mal
Fermer la blessure
Mon sein
Traitement
Haïku
Un nouveau jour, une nouvelle vie

Du même auteur

Poésie

Poésie source de vie - aux éditions Baudelaire

La plus belle des créatures : la femme - aux éditions BoD

Balade poétique en couleur dans le Jura - aux éditions BoD

Poésie coquine - aux éditions 7écrits

Pas sans Elle - aux éditions BoD

Roman

Un père face au divorce - aux éditions Bod